$5.95 US
ISBN 13: 978-1-9891-2233-4
50595
9 781989 122334

acher Lesson Plans and Resources

Medicine Wheel Education
Approved by Kevin Locke

Bienvenue

Bienvenue à la planification de leçons pour L'envol de l'aube : un récit Lakota. Nous avons réuni ici une série d'exercices à utiliser avec vos élèves. Dans ce carnet, vous découvrirez des activités, des leçons et des pages à colorier.

L'ensemble des exercices et activités contenus dans ce carnet a été approuvé par Kevin Locke, membre du conseil des aînés, enseignant et auteur. Kevin tient à vous rappeler que l'enjeu principal du récit est de démontrer que l'aigle symbolise la nature ascendante de l'esprit humain. L'aigle est un être sacré, qui nous rappelle que la vie de chacun d'entre nous est un voyage dont le but ultime est de devenir plus fort spirituellement et d'établir un contact avec le Créateur. Pour ce faire, il nous faut faire croître nos plumes, ou nos vertus, telles que notre courage, gentillesse, etc. Ces vertus encouragent la croissance de l'esprit. Veuillez baser votre enseignement de ces leçons sur ces principes.

Si vous désirez en apprendre davantage sur ce livre et sur la façon de l'intégrer parfaitement à votre enseignement, veuillez visiter **www.medicinewheel.education/curriculum**. Où que vous enseigniez au Canada, vous trouverez votre plan de cours sur ce site.

Table des matières :

Leçon 1

1) **Lire le livre**

2) **Encourager la discussion :**

- Qu'est-ce qui a provoqué la propagation du grand malheur ?
- Est-ce que tout le monde était malheureux ? Est-ce que tout le monde était méchant ?
- Qu'est-ce qui arrive à une communauté ou à une classe lorsque quelques personnes, ou lorsque tout le monde est malheureux ?
- **Remue-méninges :** Comment pouvons-nous rendre nos communautés ou nos classes plus heureuses ?

3) **Donner à chaque enfant le tableau remue-méninges de la page 4 à compléter.**

4) **Encourager une discussion plus élaborée :**

- Pourquoi l'aigle a-t-il sauvé la femme ?
- Pourquoi a-t-il sauvé seulement une femme ?
- De quelles façons les conseils de l'Aigle ont-ils aidés la femme à créer une nouvelle race plus paisible ?
- Comment cette nouvelle race de gens a-t-elle agi différemment de celle de gens malheureux qui régnaient auparavant sur la Terre ?

5) Écriture d'une lettre : Écrire une lettre aux gens malheureux des temps anciens en les conseillant sur la façon d'être davantage comme ceux qui sont nés plus tard à partir de l'arbre de la vie. Un modèle de lettre est présenté à la page 5.

Tableau Remue-méninges

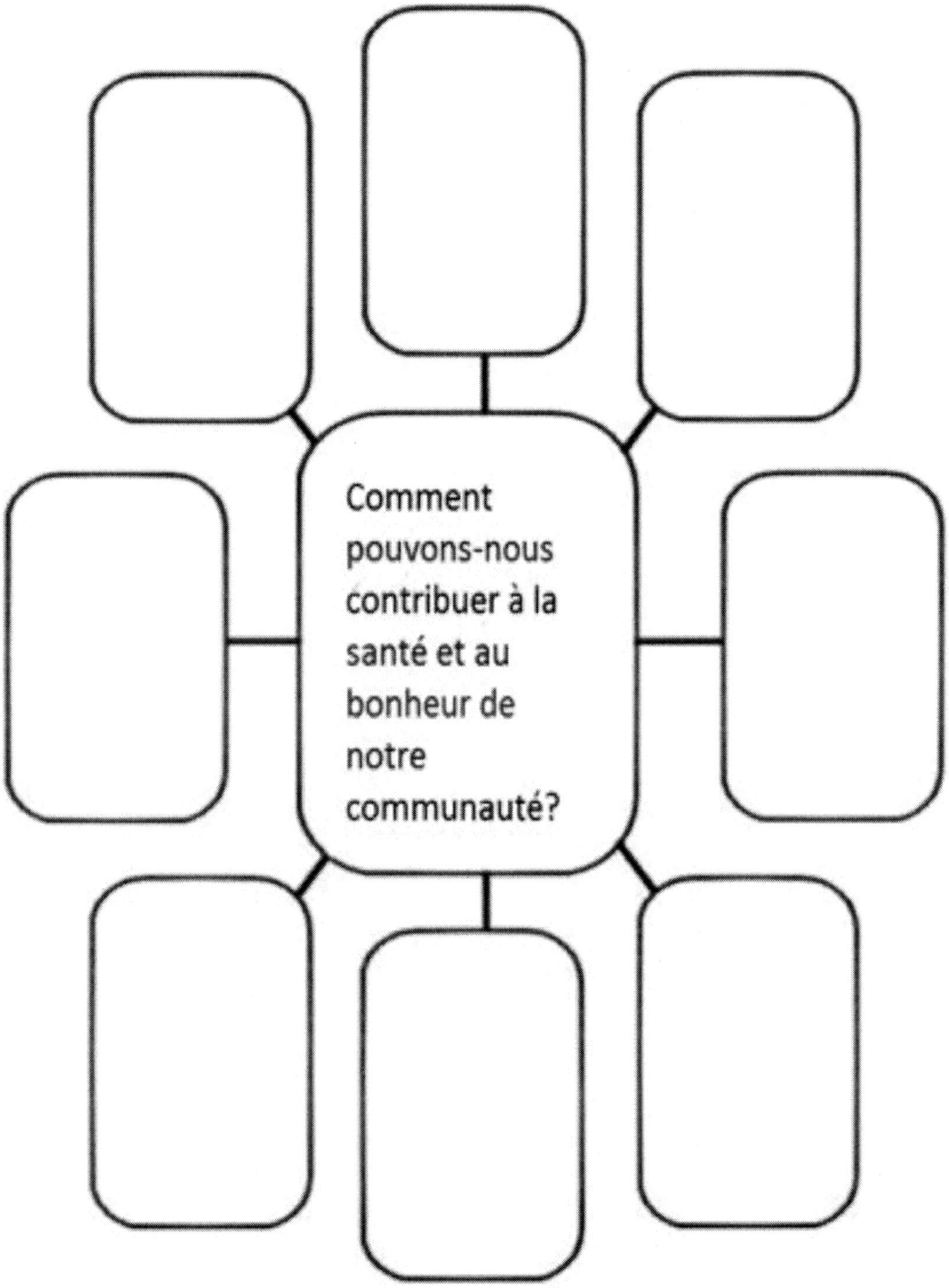

Lettre

Écris une lettre aux gens malheureux des temps anciens en les conseillant sur la façon d'être davantage comme ceux qui sont nés plus tard à partir de l'arbre de la vie.

Chers gens malheureux de la Terre,

DE: ____________________

Leçon 2

1) **Encourager la discussion :**
    - **Penser, associer, partager :** Que sais-tu sur les aigles ?
    - **Penser, associer, partager :** Que sais-tu sur l'aigle de l'histoire ?
    - **Remue-méninges en classe :** Pourquoi l'aigle est-il important dans l'histoire ? Comment l'aigle a-t-il aidé à sauver la femme ?
    - Les plumes de l'aigle représentent des vertus essentielles (sincérité, gentillesse, générosité, respect et courage). Explorer la signification de ces vertus avec la classe.

Partage de groupe : En petits groupes, partage des exemples de fois où tu as fait preuve de sincérité, de gentillesse, de respect et/ou de courage.

Remue-méninges en classe : Nommez quelques autres vertus que l'aigle pourrait avoir dans ses plumes (ex. : patience, honnêteté, compassion, confiance, loyauté, serviabilité, responsabilité

2) **À la page 7, écris sur chacune des lignes de l'aigle une vertu qui est importante pour toi.**

    - Les élèves peuvent aussi colorer l'aigle avec les couleurs de leur choix rendant ainsi l'aigle unique et représentatif de leurs propres personnalités

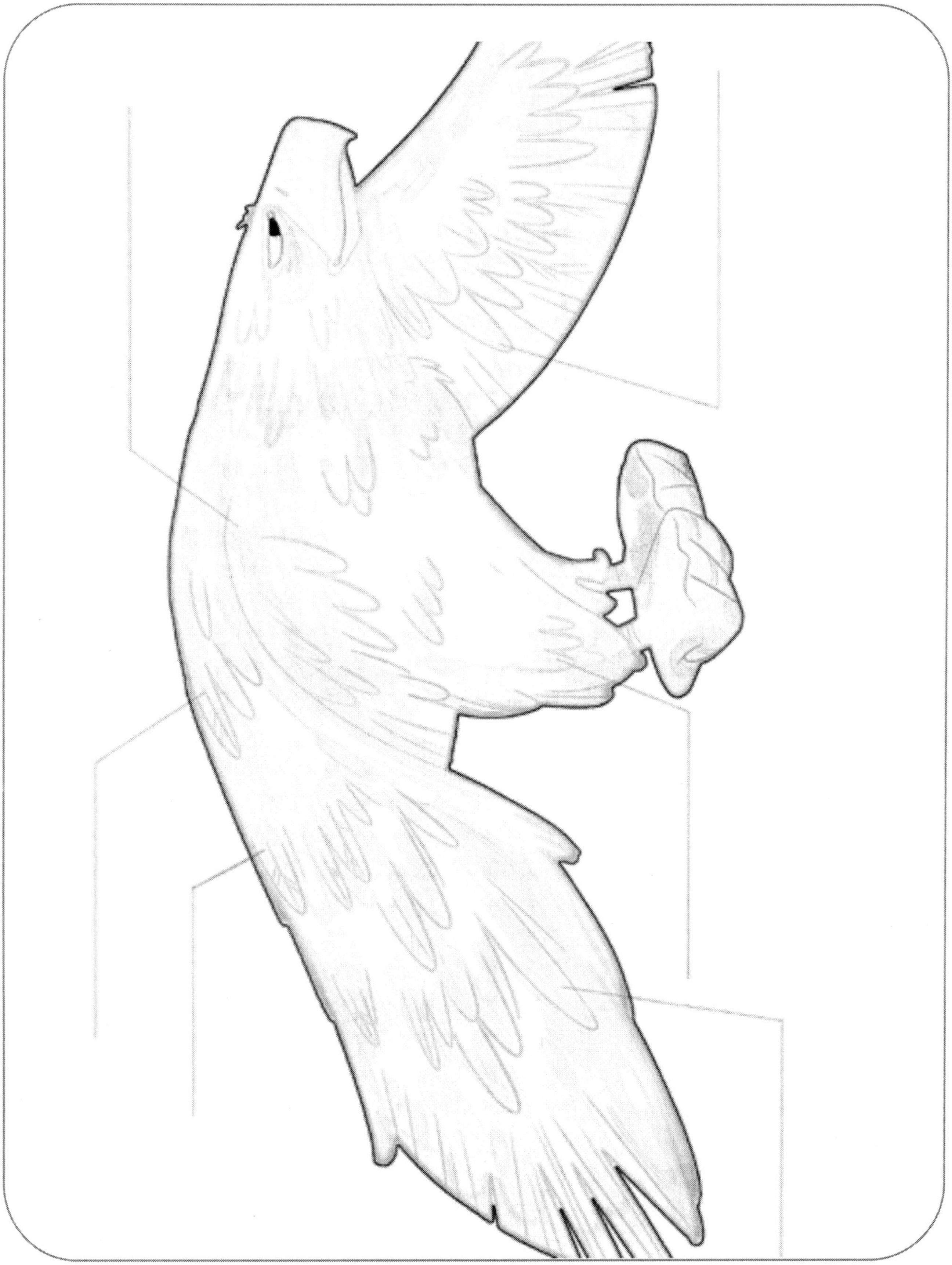

Nom : ________________________________

L'Envol de l'aube: un récit Lakota
Questions de compréhension

1. Pourquoi une inondation a-t-elle été nécessaire pour nettoyer et renouveler la Terre ?

____

____

2. Pourquoi l'aigle d'or a-t-il sauvé une femme de l'inondation ?

____

____

3. Où l'aigle a-t-il emmené la femme ?

____

____

4. Nomme quelques-unes des vertus que l'aigle a enseigné à la femme :

____

____

5. Qu'est tombé aux pieds de la fillette à la fin du récit ?

____

____

6. Quel cadeau l'aigle lui a-t-il fait ?

____

7. Que penses-tu pouvoir faire pour être comme l'aigle ?

____

____

8. As-tu déjà vu un aigle ? À quoi ressemblait-il ?

____

____

9. Combien de plumes penses-tu que l'aigle d'or possède ?

____

____

10. Que signifient les mots vertueux et noble ?

____

____

11. Pense à la vertu respect, connais-tu quelqu'un qui la possède ?

____

____

12. Si tu étais l'aigle, quelles autres vertus importantes voudrais-tu partager avec la femme ?

____

____

Jumelage séquentiel

Nom : ____________________________

- -

1) Découpe soigneusement chacune des phrases ici-bas.
2) Place-les dans le bon ordre dans les boîtes ci-haut.
3) Colle-les bien en place.

Dans l'arbre de la vie, l'aigle enseigna à la femme les vertus du courage, de la gentillesse, de la sincérité et du respect.
Les gens n'étaient pas bons les uns avec les autres. Ils étaient profondément malheureux et le malheur s'est propagé comme une maladie.
Pendant qu'il se promenait avec sa fille, le père vit un aigle qui volait au-dessus d'eux et décida de le suivre.
La fillette rangea respectueusement la plume de l'aigle dans sa chambre pour pouvoir la regarder tous les jours.
La pluie tomba et tomba sans s'arrêter. Une inondation nettoya la Terre.

Nom: ______________________________

Dawn Flight: A Lakota Story

Mots cachés

U	F	E	M	M	E	Y	D	U	T	H	K	M	Y	E
J	L	R	E	H	T	A	E	F	S	R	H	K	V	G
T	H	I	U	E	X	N	Q	W	O	X	S	G	G	A
R	N	H	F	T	V	G	A	K	D	H	E	Y	U	R
M	S	A	J	O	T	R	H	C	G	X	R	G	E	U
W	F	C	L	N	S	A	N	C	E	T	R	E	S	O
E	P	A	K	V	N	E	D	H	O	Y	E	C	P	H
L	N	K	V	U	E	D	H	E	O	Y	S	E	P	H
G	I	D	E	O	N	P	N	H	X	E	N	K	A	V
I	R	S	I	V	L	E	P	R	G	Y	A	E	I	S
A	S	T	A	R	B	R	E	D	E	L	A	V	I	E
V	C	R	E	N	C	E	H	I	L	A	K	O	T	A
X	I	N	I	A	P	L	U	I	E	R	A	T	C	J
T	G	J	O	P	D	R	A	O	P	P	V	X	J	T
P	L	U	M	E	Y	L	S	R	U	H	L	X	Z	M

AIGLE
ANCÊTRES
ARBREDELAVIE
COURAGE
FEMME
GRANDPERE
LAKOTA
NOIRCEUR
PLUIE
PLUME
RESPECT
SERRES

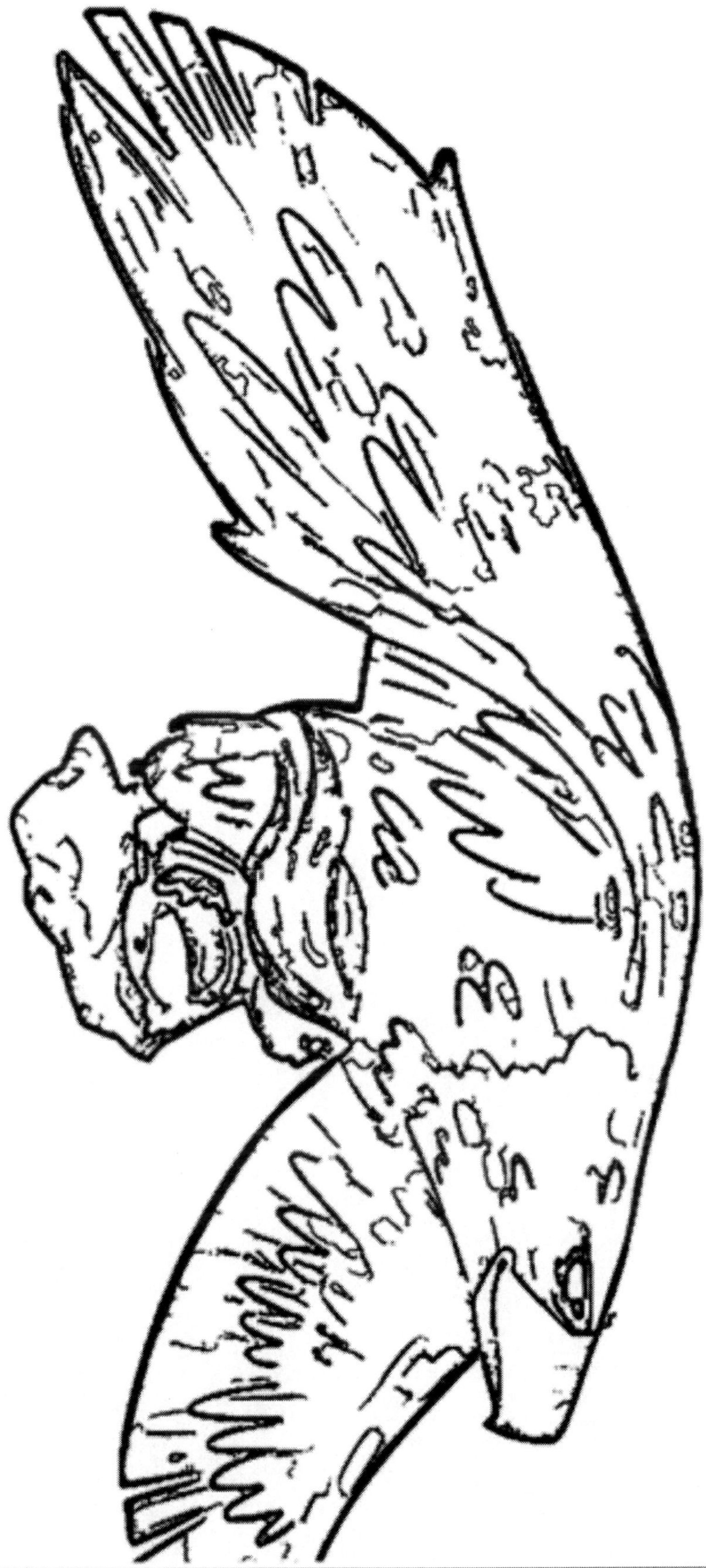